पुराण

अङ्कित शर्मा

Copyright © Ankit Sharma
All Rights Reserved.

This book has been published with all efforts taken to make the material error-free after the consent of the author. However, the author and the publisher do not assume and hereby disclaim any liability to any party for any loss, damage, or disruption caused by errors or omissions, whether such errors or omissions result from negligence, accident, or any other cause.

While every effort has been made to avoid any mistake or omission, this publication is being sold on the condition and understanding that neither the author nor the publishers or printers would be liable in any manner to any person by reason of any mistake or omission in this publication or for any action taken or omitted to be taken or advice rendered or accepted on the basis of this work. For any defect in printing or binding the publishers will be liable only to replace the defective copy by another copy of this work then available.

क्रम-सूची

वन्दना	v
मङ्गल मन्त्र	vii
भूमिका	ix
1. नाम की परिभाषा	1
2. प्रलय	5
3. अर्धनारेश्वर	7
4. लोक	9
5. देव	12
6. पूजन	14
7. आकाशवाणी तथा भविष्यवाणी	17
8. ध्वनि	19
9. मन्त्र	20
10. वेद	22
11. त्रिदेव	24
12. ब्रम्ह	26
13. विष्णु	30
14. महेश	32
15. गणपति	33
16. राजा	35
17. देवराज इन्द्र	37
18. संध्या	39
शान्ति पाठ	41

क्रम-सूची

वन्दे मातरम् 43

वन्दना

ॐ

माता पिता, गुरु, सभी देवी देवताओं, पूर्वजों को नमस्कार।

ॐ भूर्भुवः स्वः, तत्सवितुर्वरेण्यं।
भर्गो देवस्य धीमहि, धियो यो न प्रचोदयात।
पृथ्वी, अन्तरिक्ष, स्वर्ग लोक में जिसका तेज़ फैला है
वह हमारा ध्यान स्थिर करें।

ॐ गुरूर्ब्रहमा गुरूर्विष्णुः गुरूर्देवो महेश्वरः ।
गुरूर्साक्षात परब्रह्म तस्मै श्री गुरवे नमः ।।
गुरू ही ब्रहमा हैं, गुरू ही विष्णु हैं ।
गुरूदेव ही शिव हैं तथा गुरूदेव ही साक्षात् साकार स्वरूप आदिब्रह्म हैं ।
उन्हीं गुरूदेव के नमस्कार करता हूँ ।

ॐ श्री गणेशाए नमः।
श्री गणेश को मेरा नमश्कार।

ॐ नमः शिवाय।
शिव जी को नमश्कार।

ॐ नमोः भगवते वासुदेवाय नमः।
विष्णु जी को नमश्कार।

ॐ या देवी सर्वभूतेषु शक्ति रूपेण सन्स्था
नमसतसतेहि नमसतसतेहि नमसतसतेहि नमो नमः।
जो देवी सभी प्राणियों के अन्दर शक्ति रूप में स्थित है

वन्दना

उन्हें बारम्बार नमस्कार।

ॐ या देवी सर्वभूतेषु विद्या रूपेण सन्स्था
नमसतसतेहि नमसतसतेहि नमसतसतेहि नमो नमः।
जो देवी सभी प्राणियों के अन्दर विद्या रूप में स्थित है
उन्हें बारम्बार नमस्कार।

ॐ या देवी सर्वभूतेषु लक्ष्मी रूपेण सन्स्था
नमसतसतेहि नमसतसतेहि नमसतसतेहि नमो नमः।
जो देवी सभी प्राणियों के अन्दर लक्ष्मी रूप में स्थित है
उन्हें बारम्बार नमस्कार।

ॐ या देवी सर्वभूतेषु मातृ रूपेण सन्स्था
नमसतसतेहि नमसतसतेहि नमसतसतेहि नमो नमः।
जो देवी सभी प्राणियों के अन्दर माता रूप में स्थित है
उन्हें बारम्बार नमस्कार।

ॐ या देवी सर्वभूतेषु दया रूपेण सन्स्था
नमसतसतेहि नमसतसतेहि नमसतसतेहि नमो नमः।
जो देवी सभी प्राणियों के अन्दर दया रूप में स्थित है
उन्हें बारम्बार नमस्कार।

मङ्गल मन्त्र

ॐ *वक्रतुण्ड महाकाय सूर्यकोटि समप्रभ। निर्विघ्नं कुरु मे देव सर्वकार्येषु सर्वदा॥*
लचीला शरीर, विशाल काय, करोड़ों सूर्य के समान प्रतिभाशाली।
मेरे प्रभु, हमेशा मेरे सारे कार्य बिना विघ्न के पूरे करें (करने की कृपा करें)॥

ॐ *मङ्गलम् भगवान विष्णु मंगलम् गरुड़ ध्वज मंगलम् पुंडरीकाक्ष मंगलाय तनो हरी।*
भागवान् विष्णु मंगल हैं, गरुड़ वाहन वाले मंगल हैं, कमल के समान नेत्र वाले मंगल हैं, हरि मंगल के भंडार हैं।

ॐ *सर्व मङ्गल माङ्गल्ये शिवे सर्वार्थ साधिके शरण्ये त्रियम्बके गौरी नारायणी नमोस्तुते।*
मंगल करने वाली, सभी अर्थों को साधने वाली तीन नेत्रों वाली देवी गौरी, नारायणी आपको नमस्कार।

भूमिका

पुराण, अर्थात पुराना। पुराणों में, मनुष्य के जीवन के विषय में शिक्षा दी गयी है। इसमें मनुष्य के शरीर के, मन के विषय में जब चर्चा की है तो कथा में मनुष्य के मैं और जीवन के विषयों को भी एक चरित्र के रूप में बताया गया है। यह अति आवश्यक प्रक्रिया है शिक्षा प्रदान करने की। इस प्रक्रिया से ज्ञान देने का लाभ यह है की इससे यदि किसी का मन ज्ञान की बातों में न लगता हो तो भी वह कहानियां तो सुन ही लेगा और जब वह कहानी को सुनले और उसमे थोड़ा उत्साह पैदा हो तब उसे सार समझा दिया जाए। ऐसे ही बच्चों को विषय समझाने हो तो उन्हें ऐसे जल्दी समझ में आता है। मनुष्य का मन मनोरंजन की तरफ बहुत आकर्षित होता है यही कारण है की ज्ञान देने की यह प्रक्रिया खोजी गयी, और बचपन में तो मन और भी ज्यादा मनोरंजन के प्रति आकर्षित होता है। बादल गरजता है, अर्थात अंगड़ाई लेता है यह एक कल्पनात्मक बात है, तुलनात्मक बात है जो की कविता, कथा, या अन्य मनोरंजन के विषयों में कही जाती है, अब जैसे यह बच्चो को कहा जाता है की बल तब गरजता है जब आकाश में देवताओं का तथा राक्छसों का युद्ध होता है, बहुत जगह यह कहा जाता है ज्यादातर पूर्व काल के लोग ऐसा ही कहते थे तथा अन्य बातें भी कहते थे, इसका अर्थ यह तो नहीं है की सच में आकाश में ऐसा कुछ होता है। बच्चों को ऐसी बातें कहकर फुसलाना आसान है, इसीलिए यह पदववती बनायीं गयी। परन्तु, बाद में इन चीज़ो को क्यों कहा था या इनका अर्थ क्या है वर्तमान के बड़े बच्चो को बताना भूल जाते हैं तथा उनको स्वयं ही नहीं पता तो क्या बताएँगे तथा इसके कारन पीढ़ी दर पीढ़ी अन्धविश्वास में पड़ी रहती है।ऐसे ही कई सारी बातें है, जो की कल्पनात्मक है जिन्हे लिखने वाले ने मनोरंजन की दृष्टि से लिखा परन्तु, एक दो कल्पनात्मक बातों के कारण, या बातों के पीछे का कारण समझने का प्रयास न करने के कारण सारे ग्रन्थ को ही व्यर्थ कह देना गलत है। पुराण से ही हिंदी शब्द पुराना बना है, सीधा सीधा मतलब है पुराण इसका कुछ और अर्थ तो नहीं। पुराण में, श्रिष्टि के, जीवन के,

मनुष्य के हर एक तत्व को एक किरदार के रूप में समझाया गया है। जो भी कुछ घटनाएं सृष्टि में घटित हुई है सभी को कथा के रूप में कहा गया है, जिनमे कल्पनात्मक बातें उपयोग में लाई गयीं है। पुराणों की कथाएं, सृष्टि में क्या क्या घटित होता है, इसका प्रारम्भ, अंत, मनुष्य के जीवन में क्या क्या होता है यह समझाया है। पुराणों की कथाओं को समझने से एक अंधविश्वासी सोंच ख़त्म होती है, एक सोंचने का तरीका मालूम हो जाता है। इसमें इतिहास की महत्त्वपूर्ण घटनाएं बतायीं गयीं है, परन्तु जितनी भी बातें है कुछ विशेष समझाने के लिए कही गयीं है। इनमे मुख्य रूप से यह बताया गया है की सृष्टि में क्या क्या घटित होता है, सृष्टि का प्रारम्भ कैसे होता है, अन्त कैसे होता है, मनुष्य कौन है, उसके जीवन में क्या घटित होता है, आदि।

ऋषि वेदव्यास ने, पूर्व काल में कई सारे पुराणों की रचना की है, परन्तु, ध्यान देने योग्य बात है की सभी पुराणों में, एक ही विषय की अलग अलग कथाएं मिलती हैं। तो अन्धविश्वास का तथा इन्हे ना मानने का एक कारण यह भी है, परन्तु, हम आगे समझेंगें की पुराण क्या है जिससे हमें यह ज्ञात हो जाएगा की यह बहुत ही ऊँची वस्तु हैं। मूल पुराण ग्रन्थ वह ही हैं जिन्हे वेद व्यास जी ने लिखा था, वर्तमान में मूर्खता बढ़ने के कारण अपने मन से ही नए नए कचरे की रचना कर उसे समझाया जाने लग रहा है, इन सभी से सावधान रहें। खुद ढूंढें की मूल पुराण कौन कौन से हैं।

अंधविश्वास और विश्वाश में सिर्फ अंध अर्थात अन्धकार का अंतर है, तथा अन्धकार तभी आता है जब ज्ञान की रौशनी न हो इसलिए, अन्धविश्वाश के साथ किसी देव का पूजन न करें, विधियां न करें। विश्वाश के साथ, संपूर्ण ज्ञान के साथ समर्पण के साथ पूजन करें, रीत निभाएं तथा कर्म करें, धर्म का पालन करें।

1
नाम की परिभाषा

नाम किसी प्राणी को, किसी स्थान को, या किसी वस्तु को पहचानने के लिए एक माध्यम है। और ऐसा नहीं है की नाम किन्ही दो प्राणियों का, वस्तुओं का, या स्थानों का एक नहीं हो सकता। वर्तमान में यदि कोई किसी बच्चे का नामकरण करे तो क्या यह जरूरी है की वह नाम दुनिया में सबसे अलग हो? क्या एक नाम के दो प्राणी नहीं हो सकते ? क्या किसी प्राणी का नाम किसी स्थान के नाम पर नहीं रखा जा सकता या फिर स्थान का नाम प्राणी के नाम पर नहीं रखा जा सकता ? क्या प्राणी का नाम किसी वास्तु के नाम पर नहीं रखा जा सकता या फिर किसी वस्तु का नाम किसी प्राणी के नाम पर ? क्या किसी वास्तु का नाम किसी स्थान के नाम पर नहीं हो सकता या फिर किसी स्थान का नाम किसी वास्तु के नाम पर ? नहीं ऐसा नहीं है। नाम तो किसी का भी कुछ भी हो सकता है। जैसे गोवर्धन नाम होने से कोई पुरुष पर्वत नहीं हो जाता। गंगा नाम होने से कोई महिला नदी नहीं हो जाती। वर्तमान में राम नाम रखने से कोई पुरुष पूर्व काल के श्री राम नहीं बन जाता। इन सभी बातों से यह स्पष्ट हो जाना चाहिए की नाम किसी का भी कुछ भी हो सकता है। यदि मेने कहा मेरी गलती से ऐसा हो गया तो इसका अर्थ यह नहीं की गलती कोई प्राणी, या वस्तु है जो मेरी है। इन सभी बातों को गहरायी से समझें। यदि पूर्व काल के व्यक्ति जैसा कोई वर्तमान में कर्म करता है या उसके जैसा लगता है तो वह पूर्व काल का ही व्यक्ति नहीं हो जाता वह

उसका अवतार कहलायेगा।

पूर्व काल में भी प्राणियों के, वस्तुओं के, स्थानों के नाम होते थे। और तब भी यह सब विषय जो ऊपर बताएं है ऐसा होता था, जैसा वर्तमान में भी होता ही है। नाम मिलते हैं किन्ही दो के। ऐसे ही पुराणों में भी सभी पूर्व काल के विषयों में बताया गया है, कहीं पर इन्द्र अर्थात विद्युत की बात की है, तो कहीं पर इंद्र नाम के प्राणी की बात की है। कहीं पर सप्तऋषि अर्थात नक्षत्रों की बात की है तो कहीं पर सप्तऋषि अर्थात प्राणियों की बात की है। यह सभी सिर्फ उदाहरण थे पुराणों में तो बहुत बातें हैं जो इस पुस्तक में होंगी। एक उद्धरण और समझिये वर्तमान में कहा जाता है की धरती पर कहीं स्वर्ग है तो वह है कश्मीर। तो क्या इसका अर्थ यह हुआ की कश्मीर ही स्वर्ग लोक है या फिर कश्मीर के अलावा स्वर्ग और कुछ नहीं ? और ऐसा भी तो हो सकता है की पूर्व में भी प्राणी कश्मीर को स्वर्ग कहता हो। नाम से फर्क नहीं पड़ता उसके विश्लेषण से उसके अर्थ से फर्क पड़ता है। एक और उदाहरण सेंधव शब्द के दो अर्थ होते हैं एक अर्थ होता है नमक एक अर्थ होता है घोडा तो यदि भोजन के समय सेंधव मंगाया जाए तो वह नमक होगा और यदि युद्ध में या सवारी के लिए सेंधव मंगाया जाए तो वह घोडा होगा।

यदि कोई व्यक्ति, जासूसी करता है उसे जासूसी पसंद है तो लोग अक्सर ही ऐसा कह देते है "जेम्स बांड की औलाद" तो क्या वह व्यक्ति सच मुच जेम्स बांड की औलाद हो जाएगा क्या? एक चीज़ यह हो सकती है की उसके पिता का पिता का नाम जेम्स बांड ही हो परन्तु जिस जेम्स बांड के बात हुई है वो तो कोई और ही है। कभी कभी क्रोध में आकर व्यक्ति यह भी कहता है की "सुअर की औलाद" तो क्या सामने वाला इंसान की औलाद सूअर की औलाद हो जायेगी ? नहीं, यह सिर्फ तुलना करने के लिए कही गयी बातें है, और ज़रा ये सोंचिये की यह बातें भी तो हो सकता है पूर्व समय की हो जो आज भी इस्तेमाल होतीं हैं। पूर्व में, ग्रंथों में भी ऐसे बातें कही गयीं है। जैसे -

- पवन पुत्र हनुमान - हनुमान जी के पिता थे केसरी, अथवा उन्हें पवन अर्थात जो हम सांस लेते हैं वायु उनका पुत्र कहा गया। क्यों? पवन

अर्थात वायु वह तो पंचमहाभूत है उसका क्या पुत्र और क्या पिता वह तो एक तत्त्व है। हनुमान जी के तो बहुत से नाम है, परन्तु पवन पुत्र इसलिए उन्हें कहा गया क्यूंकि उनकी गति, स्फूर्ति वायु के सामान थी।

- सूर्यपुत्र कर्ण - कर्ण के तेज़ के कारण उसे सूर्यपुत्र कहा गया, श्री कृष्ण ने भी अर्जुन से कहा था की कर्ण बहुत ही कुशल योद्धा है तुमसे भी ज्यादा। यह भी हो सकता है की सच में कोई व्यक्ति हो जिसका नाम सूर्य हो और वह कर्ण का पिता हो, परन्तु, पहली स्थिति के होने की संभावना ज्यादा है। कारण
- गंगा पुत्र भीष्म - भीष्म पितामह माँ का नाम गंगा ही था। गंगा नदी का कौन पुत्र हो सकता है

पुराण का अर्थ हैं, पहला का, पूर्व का। तथा पूर्व की घटना का वर्णन कहलाता है "इतिहास" जिसके विषय में एक श्लोक है "पूर्व वृत्तम कथा युक्तं इतिहासम प्रचक्षते" अर्थात जो पूर्व में हुआ हो तथा जो कथा के रूप में बताया गया हो उसे इतिहास कहते हैं। कथा का अर्थ, सिर्फ यह नहीं है की कुछ घटना सुनादि होगया। कथा का अर्थ है कहानी परन्तु, सत्य घटना की। इसे ऐसा समझें की जैसे वर्तमान में सिनेमा बनती हैं। जो अगर सत्य घटना पर आधारित होती हैं, फिर भी दर्शकों का अधिक मनोरंजन हो इसलिए अपनी तरफ से डाइलोगइस, गाने, नृत्य, तथा कथा में भी कुछ बदलाव कर देते हैं वैसे ही उस समय भी ऐसा होता था परन्तु, तब ज्ञानी लोग ऐसा करते थे। कवी तो ऐसा ही करतें हैं, तथा पूर्व में छात्रों को गुरु जब शिक्षा देते थे तो उन्हें समझाने के लिए यह पद्द्वती बनी थी, एक उम्र तक, बालक/बालिकाओं का मन बहुत काल्पनिक होता है, अर्थात उन्हें ऐसे विषय जिनमे कुछ कथा हो, अलग अलग भाव हों जैसे ख़ुशी, भय आदि तो उन्हें वह विषय अच्छे से समझ आ जाता है तथा याद ही हो जाता है। इसका एक उदाहरण है जैसे, वर्तमान में बड़े लोग जिन्होंने पहली कक्षा अर्थात ३-४ साल की आयु में कुछ पढ़ा वह उन्हें अभी तक याद है तथा शायद मरने तक याद रहे वह इसलिए क्यूंकि वह उन्हें खेल, कूद के या अन्य तरीके के विषयों के द्वारा बताया गया

ऐसे ही पहले गुरु करते थे इसलिए यह कथाएं हैं जो एक ही घटना को समझाने के लिए अलग अलग सुनाई गयीं हैं। परन्तु, अर्थ एक ही है तथा पूर्ण रूप से कथा से मिलता जुलता भी नहीं है। वर्तमान में जब बड़े लोग भी कोई सिनेमा को देखते हैं तो वह शायद उन्हें हमेशा के लिए याद हो जाती है। यह है कलात्मक मन, फिर उसके विषय में भले ही उस समय कुछ विचार न आएं हों बाद में आते रहेंगे ऐसे ही जब पूर्व में छात्रों को कथा याद हो गयी फिर बाद में जैसे जैसे उनकी बुद्धि का विकास होता जाता होगा उन्हें गुरुजन सही अर्थ समझा देतें होंगे। इसका लाभ यह है की, कथा तो याद हो गयी अर्थात अब वह विषय कभी नहीं भूल सकते, तथा समझाने में आसानी होगी।

पुराणों की कथाओं को, उनके पात्रों को दो तरह से समझना चाहिए। एक की वह सभी मन को समझाने के लिए हैं अर्थात मन के विचारों को, भावों को एक व्यक्ति के रूप में प्रस्तुत किया गया हो। दूसरा की किसी व्यक्ति को ही समझाया गया हो यह दोनों ही बातें हो सकती हैं। जैसे, हम यदि शिव को कोई व्यक्ति माने तो हाँ जिन्होंने सर्वप्रथम योग की खोज की, तथा वो जो पर्वतों पर रहते थे तथा जो कल्याण के कार्य करते थे। अब यदि हम इन्हे मन के रूप में बस समझें तो भी यह बात है की शिव जो दुष्टों का संघार करतें हैं, वह मन की एक वृत्ति है जो दुष्टों का अंत करने वाली है। तथा इसके लिए वह योग को भी ध्यान में रखती है तथा कल्याण कार्य भी करती है। पुराण समझने के लिए यह दोनों तरीके अपनाने चाहिए, तथा ध्यान देने योग्य बात यह भी है की इनको काव्यात्मक रूप में प्रस्तुतु किया है तो काव्य तथा वास्तविकता में अंतर करना आना चाहिए तथा यह पुस्तक आपको एक विचार कैसे करना है पर जोर देती है, इसका ज्ञान मेरे द्वारा लिखा गया है इसलिए इसमें ही संपूर्ण जानकारी हो ऐसा मानना ठीक नहीं है, यह सिर्फ मेरे विचार है। इसे पढ़ने के बाद स्वयं शोध कीजिये, में भी हमेशा ही शोध करता रहता हूँ।

2

प्रलय

सृष्टि की शुरुवात से पहले उसका अंत समझना पड़ेगा, कुछ होने से पहले ये जानना होगा की जब कुछ नहीं था तब क्या था। सृष्टि के पहले क्या था इसका अर्थ तो किसी को नहीं पता तथा कुछ नहीं था। परन्तु प्रलय का अर्थ इतना ही है की जब पृथ्वी में उथल पुथल होती है तथा सारे प्राणी ख़त्म होने लगते हैं जल में डूब कर क्योंकि पृथ्वी पर जल ही जल है तथा जब पृथ्वी डगमगाएगी अधिक मात्रा में तो जल प्रलय आएगा।

प्रलय यही है, जो कही निवास स्थान पर आती है। कुछ और घटना नहीं जिसके बाद सृष्टि बनी। हाँ, पृथ्वी पर प्रलय के बाद फिर निर्माण होता है उसे ही कहते हैं सृष्टि का निर्माण। परन्तु, जब ब्रम्हांड ही नहीं था तब कौन था यह जानना कठिन है। प्रलय, निर्माण यह सब लोक में होता है जब वह नहीं थे तब प्रलय अथवा निर्माण किसका तथा कैसा। प्रलय, निर्माण का चक्र हमेशा से है तथा हमेशा रहेगा। सृष्टि से पहले, अर्थात ब्रह्माण्ड से पहले जब कुछ नहीं था तब केवल एक खाली जगह ही हो सकती है जैसे आकाश सिर्फ आकाश। ऐसा जानना आवश्यक है की और भी पहले कुछ था क्या? ऐसा कहना मुश्किल है की कभी कुछ नहीं था फिर अचानक से ब्रह्माण्ड में खली जगह आ गयी, क्यूंकि अचानक कुछ नहीं होता, किसी कर्म होने का कुछ कारन तो रहता ही है, जैसे आग लगी तो क्यों लगी कुछ तो हुआ ही होगा। इसलिए यह मानना की एक आकाश जैसा ही कुछ था, सृष्टि से पूर्व था, है, तथा रहेगा। यह

ध्यान कीजिये कभी की जब ब्रह्माण्ड में कुछ नहीं होता तो वह कैसा होता ?सिर्फ आकाश ही रहता अर्थात खाली जगह तथा ऐसा कभी नहीं हो सकता की खाली जगह अर्थात आकाश जैसा कुछ हो ही न। तथा प्रलय निर्माण सृष्टि बनने के बाद शुरू हुईं, जैसे बाढ़, सूखा, भूकंप। सृष्टि से पूर्व कुछ नहीं था, तब न प्रलय तथा न निर्माण।

3

अर्धनारेश्वर

अर्धनारेश्वर, अर्थात आधा स्त्री आधा पुरुष वह ही ईश्वर का स्वरुप है। पुराणों की कथा है की सृष्टि रची अर्धनारेश्वर रूप ने, जिसमे पुरुष को शिव तथा नारी को शिवा बताया है। अब इसका वास्तविक अर्थ क्या है? स्त्री तथा पुरुष जब इनका मिलन होता है तभी सृष्टि में नया जन्म होता है। सिर्फ मानवो में नहीं सारी सृष्टि में सभी के साथ ऐसा ही है पेड़ों में, पशुओं में, पशुओं में, जीव - जंतुओं में। अर्थात, सभी जगह स्त्री, पुरुष के साथ में होने से ही निर्माण होगा इसलिए सृष्टि के निर्माता का रूप अर्शनारेश्वर बताया गया है, की वह दोनों का मेल हैं। तो सृष्टि का निर्माण अर्धनारेश्वर ने किया का अर्थ हमने समझ लिया। तो इससे समझना चाहिए की स्त्री तथा पुरुष दोनों ही एक दुसरे के पूरक हैं तथा दोनों का सम्मान बराबर है। दोनों ही पूजनीय हैं।

अब इसे अधिक सूक्ष्मता से समझें तो, स्त्री की जीवन धातु तथा पुरुष की जीवन धातु के संगम से ही उत्पत्ति होती है नए जीवन की, अर्थात दो तत्वों के मिलने से ही तीसरा कुछ निर्मित होगा। अब यह दो तत्त्व को ही स्त्री तथा पुरुष मानिये तथा अब समझिये की सृष्टि की शुरुवात से पूर्व कोई एक तत्त्व था जिसके दो तत्त्व बने अर्थात स्त्री तत्त्व तथा पुरुष तत्त्व। अब इनके ही योग से आगे के तत्त्व बने तथा सृष्टि की शुरुवात हुई।

वेदों में बताया गया है की, सृष्टि के पूर्व एक चेतन तत्त्व ही फैला हुआ था चारों तरफ, जो आकाश के जैसा था। इसे जू कहा गया। चेतना में संकल्प उभरा तथा उसमे गति करने वाले सूक्ष्म कण उत्पन्न हुए, वह गतिशील थे इसलिए उनको यत कहा गया। इन्हे ही यजु = यत + जू कहा गया। इसे ही आकाश से वायु की उत्पाती कह सकतें हैं। फिर इन्ही कणो की गति के कारण विद्युत की उत्पत्ति हुई। इस ऊर्जा को ही अग्नि की उत्पत्ति कह सकते हैं। इन तीन तत्त्व आकाश, वायु तथा अग्नि से ही अन्य परमाणुओं की रचना हुई। इन्ही परमाणुओं के अनुपात बदल जाने से अन्य रचना होती है। इस प्रक्रिया से हम यह कह सकते हैं की प्रथम तत्त्व आकाश था जिससे वायु उत्पन्न हुई और फिर सृष्टि का निर्माण हुआ। इसे ही समझ सकतें हैं की शुरुवात में एक पुरुष था, जिससे नारी की उत्पत्ति हुई फिर उन्होंने आगे सृष्टि रची।

अब स्वयं के अनुभव से समझे, सृष्टि के पूर्व कुछ तो था तथा ऐसा नहीं था की कभी कुछ न हो। क्यूंकि कुछ नहीं से कुछ कैसे हो सकता है? इसका जवाब ढूंढना आवश्यक है। सोंचने वाली बात है की ब्रम्हांड को जिसने बनाया वह तो ब्रम्हांड से भी बड़ा गहरा होगा तभी उसने उसकी रचना की या तो वही ब्रम्हांड है। अभी हमने समझा की कुछ एक तत्त्व पहले था जिससे सृष्टि हुई परन्तु, क्या उससे पहले कुछ था ? यह जानने का विषय है?

4

लोक

लोक इस शब्द का अर्थ है जगह, जगह जहां प्राणी रहते हैं। जैसे गौ लोक अर्थात जहाँ अधिक मात्रा में गौवंश रहतें हों, सत्य लोक जहाँ सत्य रहता हो अर्थात सत्य का पालन करने वाले प्राणी रहते हों। भू लोक अर्थात पृथ्वी, जहाँ मनाव रहते हैं। नाग लोक जहाँ नाग(नाग एक विषैला जीव भी है तथा नाग एक जाती भी है मानवों की) रहतें हैं। ब्रह्म लोक जहाँ ब्रह्म(सब कुछ जाने वाले) रहते हैं। इंद्रलोक जहाँ इंद्र(विद्युत के जानकार) रहते हैं। ऐसे ही में भी जहाँ रहता हूँ वह मेरे नाम का लोक कहलायेगा। तो लोक का अर्थ हुआ स्थान जहाँ कोई रहता हैं।

पृथ्वी पर प्राणी हुए, तथा उन्होंने जाना अपने आप से अनुभव करके, तप करके की वह कौन हैं, वह जहाँ हैं वहां हैं क्यों, तथा जहाँ हैं वह क्या हैं? कहाँ हैं, आदि। पृथ्वी में तो समुद्र ही समुद्र था। कुछ शेष नहीं था। केवल पृथ्वी अपने वास्तविक रूप में। जैसा की हम जानते है पृथ्वी में अधिक समुद्र ही है। तो रहने के लिए पृथ्वी पर भी लोगो ने जगह खोजीं, ऐसे में पृथ्वी में सबसे ऊंचाई पर सबसे अच्छी जगह मिली हिमालय, तथा पर्वत के स्थान, वातावरण आती सुन्दर। लोग वहां रहने गए तथा वहां के लोगो को अधिक श्रेष्ठ बताया, अधिक भाग्यशाली बताया उस सुन्दर जगह के कारण। उस जगह को देव लोक कहा गया जहाँ देवता लोग रहते हैं। ऐसे ही नीचे रहने वाले स्थान को भू लोक कहा गया अर्थात धरती पर।

आकाश अर्थात खाली जगह, अब खाली जगह वह है जो हम अपनी आँखों से देखते हैं तथा वहां कुछ नहीं दीखता वह खली जगह। जैसे हमारे आस पास की जगह जिसपर कोई आकर नहीं है, वह है आकाश। ऐसे ही शरीर के ऊपर की जगह भी आकाश कहलायी, तो ऐसे ही पृथ्वी पर हमसे अधिक ऊंचाई पर स्थान है हिमालय का। इसलिए हिमालय को आकाश का स्थान भी कहा गया है। वर्तमान में भी जब कोई किसी से ऊंचाई पर चढ़कर बात करता है तो उसे कहा जाता है की आसमान में चढ़कर बात कर रहा है, या ऊँची सोंच रखने वालों को कहा जाता है की इसके पाऊँ तो आसमान में हैं। यदि ऐसे व्यंगात्मक विषयों को समझा ना जाए सामान्य बुद्धि लगाके तो फिर तो बुद्धि ही व्यर्थ है। ऐसे ही समझने वाली बात है की पृथ्वी भी आकाश में ही है इसलिए कोई भी खाली जगह जहाँ आकर नहीं है वह है आकाश। आकाश को ही अंतरिक्ष भी कहते हैं।

जैसा की हमने पूर्व में समझा की लोक का अर्थ निवास करने का स्थान। तो एक स्थान है स्वर्ग लोक, स्वर्ग लोक जहाँ आनंद ही आनंद है जहाँ पर सभी सुविधाएं उपलभ्द हैं जहाँ कर्म करने की थकान नहीं होती तथा ऐसे जगह जहाँ केवल सुख ही सुख है। आकाश पर कोई रहता है क्या? अंतरिक्ष में कोई रहता है क्या? कोई रहता है क्या में कोई शब्द तभी हम पूँछ रहें हैं न जब हम किसी आकार युक्त की बात कर रहें हैं, जैसे कोई मानव या फिर अन्य कोई जिसका कुछ आकार हो। तो आकाश में कौन? कोई नहीं, लोग तो पृथ्वी पर हैं। तो पृथ्वी पर हिमालय ऐसी जगह है जिसे सभी स्थानों में श्रेष्ठ माना है, इसलिए इसे ही स्वर्ग लोक भी कहा गया तथा स्वर्ग आकाश में होता है यह बात भी यहीं से आयी क्योंकि हिमालय तो आकाश में ही है अर्थात हमसे ऊंचाई पर।

एक लोक है पाताल लोक, पाताल लोक अर्थात धरती के नीचे का लोक। इसे ही नर्क भी कहा जाता है जहाँ सिर्फ दुःख ही दुःख हैं। अब धरती के नीचे कौन मानव होगा जो रहेगा यहाँ २०-३० फुट नीचे की बात नहीं हो रही है, बात है हज़ारों फ़ीट की। वहां कोई मानव सुखी नहीं रह सकता, वहां पर अलग प्राणी है, जीव, जंतु हैं। ऐसे ही एक बात जो बोली जाती है की नर्क में बहुत बुरा व्यवहार होता है वो यह है, इन जीव, जंतुओं के बीच जो जेहरीले है, घातक हैं कौन मानव रहेगा, कैसा व्यवहार करेंगे वह

जीव उसके साथ। धरती के नीचे ही ऐसे अलग अलग जीव अलग अलग स्थानों पर रहते हैं तो उन्हें उनका लोक कहा जाता है।

5

देव

देव अर्थात वह मानव जो की सभी मानवों में श्रेष्ठ हैं, तथा उनका निवास स्थान सभी में श्रेष्ठ हैं। तो ऐसे मानव कहलाते हैं देवता तथा पूर्व में हमने पढ़ा की हिमालय सबसे उत्तम निवास स्थान है। इसलिए वहां रहने वालों को भी देव कहा जाता था। देव कोई ऐसे व्यक्ति नहीं थे या होते हैं जो कुछ जादू करना या करवाना जानते हों, चमत्कार दिखाते हों।

श्रेष्ठ व्यक्ति वो होता है जो सभी में श्रेष्ठ व्यक्तित्व रखता हो अर्थात बुद्धि, बल, कौशल, यश, पराक्रम, आदि सभी में बांकियों से श्रेष्ठ हों। जिसके अंदर अन्य मानवों की अपेक्षा अच्छे भाव ज्यादा हों तथा बुरे भाव हों ही न। देव अपने बुद्धि कौशल से भविष्य का अनुमान लगा सकते थे। देव सभी मानवों में श्रेष्ठ थे अर्थात सभी अन्य मानव उनका अनुसरण करते थे। उन्ही का मार्गदर्शन लेते थे तथा उनको पूजते थे।

इतिहास में कई श्रेष्ठ लोगों के विषय में कथाएं हैं, तथा उनमे उनकी उपाधि को श्रेष्ठ समझकर बताया गया हैं। इसलिए देव जैसे उस समय होते थे वैसे ही आज भी हो सकतें हैं। जैसे इंद्र, यह कोई व्यक्ति का नाम नहीं है तथा उनकी उपाधि है इंद्र। तो इंद्र आज भी हो सकते हैं। व्यक्ति जब कुछ ऐसा कर्म कर देता है जो अन्य मानव नहीं कर सकते या वह कभी सोंचते ही नहीं हैं करने के लिए तब उस व्यक्ति को अन्य लोगों द्वारा देव कहा जाता है, परन्तु वर्तमान में दुविधा यह है की किसी श्रेष्ठ कर्म करने वाले व्यक्ति को देव तो कह देते हैं जैसे श्री राम, श्री कृष्ण,

तथा अन्य महापुरुषों को परन्तु, देव का अर्थ ही किसी को ठीक से ज्ञात नहीं। इसका एक परिणाम है मूर्ती पूजा।

6

पूजन

पूजन के दो तरीके हैं ----- १. मन से अर्थात मानसिक, २. विशेष विधि द्वारा तन से। मन से की गयी पूजा ही श्रेष्ठ होती है अर्थात वह पूजा जिसमे कोई वास्तविक तस्वीर, या मूर्ती को देखकर न पूजा की जाए। जिसमे अपने आराध्य को मन में ही स्मरण करके प्रणाम तथा प्रार्थना तथा जैसे पूजन करना हो किया जाए। तन से विधि द्वारा की जाने वाली पूजन में भी यदि मन में भक्ति नहीं है तो वह व्यर्थ है, परन्तु, यह जो विधि वाली पूजा होती है, या पुजारी करवाते हैं वह अर्थव्यवस्था के लिए तथा वातावरण को शुद्ध करने के लिए होती है, तथा वातावरण शुद्ध तो समाज शुद्ध, शुद्ध वातावरण से समय पर तथा ठीक मात्रा में बारिश होगी, जिससे कृषि अच्छी होगी तथा अन्य लाभ बहुत से होंगे, परन्तु, विधि वाली पूजा सिर्फ प्रकृति के लिए ही होती है। इनमे बहुत सी सामाग्री पुजारी मंगवाते हैं, लकड़ी की, मिटटी की वस्तुओं की तथा वह सारी वस्तुएं जो कुम्हार, लोहार, तथा ऐसे सब काम करने वाले जो छोटे व्यापारी हैं उनकी बिक्री हो, तथा उनका लाभ हो। हर एक पूजन में, कपडा या जितनी भी मूल वस्तुए जिनसे छोटे व्यापारियों तथा कारीगरों को लाभ मिलता हो वह वस्तुए नयीं लगतीं हैं जिससे की अर्थव्यवस्था किसी की न बिगड़े, तथा जो हवन होता है उससे प्रकृति शुद्ध होती है। मूर्ती, तथा तस्वीर की मूर्खता के साथ पूजा करना व्यर्थ है, पूजन होता है उनके अंदर की छवि का, तथा वह पूजा ऐसे होती है की जो मूर्ती में

आपका आराध्य है आप अपने अंदर वैसा व्यक्तित्व लाएं, उसकी राह पर चलें तथा यह व्यर्थ न माने की में तो ऐसा करता हूँ। गलत बात यह है की मूर्तियों के सामने भोग लगाया जाता है, मूर्तियों में जल चढ़ाया जाता, दूध, आदि खाद्य पदार्थ या अन्य मूल्यवान वस्तुएं व्यर्थ कर दी जातीं हैं जिनका कोई अर्थ ही नहीं, सिर्फ कर्म ही है सृष्टि में एक मात्र वस्तु, जिसके परिणाम स्वरुप ही प्राणियों को फल मिलता है इसलिए सिर्फ कर्मों पर ही ध्यान देना चाहिए, पूजन सिर्फ कर्म का ही होना चाहिए। भोग लगाने का अर्थ है की मूर्ती में आराध्य की छवि मानकर उनके चरण में भोग चलकर तुरंत फिर प्रसाद खा लेना चाहिए, यह नहीं की उसे मूर्ती के सामने रखा ही रहने दो ख़राब होने तक। दूसरा इसका सबसे अच्छा अर्थ है की जो अन्य जीव हैं इस धरती पर, मानव उन्हें भोग दे, ऐसे प्रथाएं भी बनायीं गयी हैं जैसे गाये को रोटी खिलाना, तथा कुत्ते को रोटी देना, परन्तु, दुर्भाग्य है की मूर्खता के कारन लोग सिर्फ मान्यताएं निभाने के लिए गाये को रोटी देते हैं, कुत्ते को रोटी देते हैं परन्तु, वही लोग उनके प्रति दया भाव रखते ही नहीं तथा बहुत से ऐसे लोग तो स्वयं मांसाहारी होते हैं तथा लोग सिर्फ एक रोटी ही निकलकर समझतें हैं की बहुत बड़ा भोग लगा दिया। कुल मिलके सभी अज्ञानता वश मूर्खता की तरफ जा रहे हैं।

मंदिरों में, यह सब जो मूर्तियों के सामने व्यर्थ किया जाता है, इसका होता क्या है जल, दूध, आदि जो चढ़ाया जाता है वह तो व्यर्थ हो ही जाता है तथा बांकी जो अलग वस्तुएं होती हैं वह अज्ञानी पुजारियों को मिल जाती हैं। धन जो दिया जाता है, वह व्यर्थ उससे ही एक बड़ा हिस्सा कुछ लालची पुजारी अपने पास रख लेते हैं तथा कुछ से केवल दिखाने के लिए कुछ मंदिर में कार्य कर देतें हैं बिलकुल मूर्ख तथा लालची राजा की तरह जैसा वर्तमान में होता है। यह लोग टैक्स नहीं देते, हो सकता है इस व्यापार में सरकार की तथा इन पुजारियों की संधि हो।

धर्मात्म पुजारी, साधू, संत, आदि वहीं होतें हैं जो भिक्षा मांगकर जीवन जीते हैं। भिक्षा के विषय में अधिक धर्म - अर्थ - काम - मोक्ष पुस्तक पर मेने समझाया है, उसे आप पढ़ सकतें हैं। तथा व्यवहार तो इनका बहुत सहज होना चाहिए। वर्तमान में कुछ मूर्ख पुजारियों के मन

में तथा मुख में तो गालियां तथा क्रोध कभी भी आ जाता है। यह सब पुजारी या धर्मात्म बिलकुल नहीं हैं, अच्छी बातें सभी कर सकते परन्तु, जो उनके जैसा आचरण भी रखता है वह ही धर्मात्म है। केवल जो भिक्षा मांगकर तथा समाज हित के कार्य में लगा रहकर जीवन जीता है वही साधू, संत तथा पुजारी है।

7
आकाशवाणी तथा भविष्यवाणी

ध्यान तथा अनुभव से कर्मों के तथा उसके परिणामों की सम्भावना का पता चलता है। कोई देव वास्तविकता ही जान जाता है तो कोई कुछ सीमा तक जान पाता है। सृष्टि में सब कुछ तो केवल कर्म के कारण ही होता है, अर्थात बुद्धिमान व्यक्ति तो समझ ही सकता है की कर्म के अनुसार उसका फल कैसा होगा। तो यही होता है भविष्य देखना तथा भविष्यवाणी करना। ऐसे ही जिसकी बुद्धि तीव्र तथा अति शक्तिशाली होती जाती है वह समाज की स्थिति देखकर बता सकता है की दुनिया तथा देश में आगे क्या होगा यह बिलकुल संभव है। परन्तु, यह वर्तमान में हो रहे अंधविश्वास से अलग है। वर्तमान में तो अंधविश्वाश फैलाने के लिए बहुत कुछ होता है।

आकाशवाणी, इस शब्द का अर्थ है "आकाश की वाणी" अर्थात आकाश से आई हुई वाणी। अब आकाश कहां है? ऊपर। हम जहां रहते हैं, तो उसकी ऊंचाई से भी ऊपर जो कुछ भी होता है हम कहते हैं की वह आकाश है। ऐसा नहीं कहा जा सकता की सिर्फ पृथ्वी के वायुमंडल के ऊपर ही आकाश है, उसे हम अंतरिक्ष कहते हैं। क्यूंकि पृथ्वी भी तो आकाश में ही है। इसलिए जो कुछ भी हमारे आस पास की खाली जगह है, ऊंचाई है वह है आकाश।

अब पृथ्वी पर, सबसे ऊंचा स्थान है हिमालय पर्वत। तथा हिमालय में, श्रृष्टि की शुरुआत सै ही देवता रहते थे। अब देवता अर्थात जो अन्य मानवों से ज्यादा श्रेष्ठ माने जाते थे। तथा श्रेष्ठ लोग ही अन्य लोगो को मार्गदर्शन देते हैं। ऐसे ही, द्वापर युग के समय तक ऐसी व्यवस्था बनी होगी की यदि हिमालय पर रहने वाले देवताओं को नीचे धरती पर रहने वाले लोगों को कुछ संदेश देना हो तो वह दे सकें। वह संदेश ऊंचाई से आएगा, आता था, इसलिए वह आकाशवाणी कहलाया। देवता मानव ही हैं लेकिन वह अधिक तपस्या के कारण अधिक बुद्धिमान हैं तथा आम लोगो के द्वारा पूजनीय हैं इसलिए उनकी बातों को बहुत अधिक महत्व मिलता था तथा योग क्रियाओं के द्वारा भविष्य के विषय में भी वह जान पाते थे। वह यदि पृथ्वी पर कुछ गलत हो रहा है तो जो गलत कर रहा है उसे चेतावनी तथा अन्य सन्देश जो सभी के लिए लाभकारी हों वह देते थे। जैसे, कन्स के अत्याचार को देखकर उसे चेतावनी दी तथा श्री कृष्ण के जन्म की भविष्यवाणी की। अब यह भविष्यवाणी को सत्य करने के लिए, श्री कृष्ण को कन्स से बचाने के लिए कई योजनाए भी की गयीं। वह एक अलग विषय है जो की अन्य समय में समझेंगे परन्तु, इसका यह अर्थ नहीं की भविष्यवाणी नहीं हो सकती।

8

ध्वनि

ध्वनि, सृष्टि की शुरुवात से पहले, और उसके बाद ध्वनि ही रहती है, जहाँ गति है वहां ध्वनि है। और जहा वायु है वहां गति है। इसलिए ध्वनि प्रथम तत्त्व के साथ ही इस सृष्टि पर है। ध्वनि हर एक आकार में हैं, प्राणियों में है, क्यूंकि वह हर जगह है तो आकार में तो आ ही जायेगी। ध्वनि होती कैसे है? किसी वस्तु के स्पंदन से ध्वनि होती है। स्पंदन किसी भी वस्तु में तब होता है जब वह एक तरह की हलचल करती है। उदाहरण के लिए जैसे शरीर सांस लेता है, छोड़ता है। तथा वायु भी तो हलचल से ही होती है किसी वस्तु की। इसका अर्थ यह है की सृष्टि के पूर्व जब सिर्फ प्रथम तत्त्व(ईश्वर) बस था। तब उसके स्पंदन से ही ध्वनि सृष्टि में है तथा इसलिए ॐ की ध्वनि को कहा गया है की जब सृष्टि में कुछ नहीं था तो ॐ था, इसलिए गुरुनानक जी ने कहा है एक ओंकार सतनाम। वही सब कुछ है, ॐ के विषय में आगे अध्याय में बात की है। ध्वनि केवल ॐ ही है, अन्य कुछ भी नहीं।

9
मन्त्र

मंत्र औषधि है, इसके पीछे बात यह है की मंत्र कहने में पहली चीज़ तो ध्वनि है ही तथा ध्वनि कैसे निकलती है तथा कैसी ध्वनि निकलने पर कंठ, हृदय, मन अथवा शरीर सुखी होता है वह अभी ध्वनि के अध्याय में हमने समझा, अब मन्त्रों में उस ध्वनि में शब्दों को जोड़ दिया है तथा वह भी ऐसे शब्द जो परमात्मा की स्तुति करते हों। तो इससे एक अन्य सुखी करने वाला कर्म यह हुआ की इससे परमात्मा का हमेशा स्मरण भी रहता है तथा मन एक जगह अर्थात परमात्मा में एकाग्र हो जाता है, तीसरा लाभ यह की मन्त्रों को कहने से आसपास सारा वातावरण सकारात्मक ऊर्जा से भर जाता है इस कथन को समझें की मन्त्रों को कहने से आसपास वातावरण में कैसे असर होता है, जैसे किसी संगीत को सुनकर सुनने वाले के मन को शान्ति मिलती है वैसे ही मन्त्रों को ठीक तरीके से कहने पर, सही ध्वनि के साथ आस पास सुनने वालों को शान्ति मिलती है तथा पशु, पक्षी, पेड़, पौधे अथवा सभी वातावरण में शान्ति हो जाती है क्यूंकि जब सभी का मन शांत हो जाएगा तो वातावरण में अशांति कौन फैलाएगा। ऐसे ही वायु भी शुद्ध होती है। अब यह शान्ति इसलिए होती है अच्छी ध्वनि से क्यूंकि ध्वनि तो स्पंदन ही है तथा जब वह ध्वनि सुनने वाले के निकट पहुँचती है तब फिर उस ध्वनि से उसके मष्तिष्क में स्पंदन होता है, तो यदि वह ध्वनि कुछ हलकी हलचल कर रही है तो वह आनंद देती है तथा तेज़, बेसुरी ध्वनि शरीर में

दुष्प्रभाव डालती है। मन्त्रों को सुनने वालो को तो लाभ होता है परन्तु, कहने वालों को जो उन्हें सुर में, मधुरता से कहते हैं उनके पास तो कभी नकारात्मकता आती ही नहीं, वह हमेशा आनंदित रहते हैं तथा स्वस्थ रहते हैं क्यूंकि जैसा अन्न वैसा मन तथा जैसा मन वैसा तन।

ॐ, महामंत्र कहा गया है। क्यों? इसके पहले इसके सही उच्चारण का तरीका जानना होगा। ॐ का उच्चारण मुँह खोलकर "अ" अर्थात जो स्वाभाविक स्वर मुँह से निकलता है के उच्चारण करते हुए धीरे धीरे मुँह बंद करने तक होता है। इसमें अ इ उं : यह सारे स्वर तथा वस्तुए आती हैं। इसलिए इसे महामंत्र कहा गया है। तथा इन्ही सारे स्वरों से ही तो मनुष्य कुछ कह सकता है। म मुँह के बंद होने पर सुनाई देता है। अब यही स्वाभाविक ध्वनि है, इन स्वरों के बदले अन्य कुछ भी नहीं, ध्वनि यही हैं। ॐ इसलिए ही हर मंत्र के पूर्व कहा जाता है, जो बताता है की मंत्र इन सारे स्वरों की ही रचना है तथा अ का स्वर लम्बे समय तक कहने से गला साफ़ होता है, शुद्ध होता है आपकी ध्वनि अच्छी होती है, परन्तु, इसे सहज भाव से तथा अच्छे से कहना है। संगीत सीखने में इसका ही अभ्यास अति महत्त्वपूर्ण है। इसे आकार कहते हैं तथा जब आकार करते हुए धीरे धीरे मुँह को बंद करते हैं तब सर तक स्पंदन होता है जिससे शान्ति मिलती है तथा सांस गहरी होती है, गहरी सांस से तो अनेको लाभ हैं।

अन्य मंत्र जो रचे गए हैं तथा जो कहा जाता है की किसी विशेष स्तिथि के लिए या किसी विशेष पूजन के लिए अलग अलग मंत्र हैं वह इसलिए क्यूंकि स्वरों के साथ जब व्यंजन मिल जाते हैं तब अलग अलग व्यंजनों को कहने से मुख पर भिन्न भिन्न जगहों पर असर होता हैं, जिससे शरीर पर भी भिन्न भिन्न जगहों पर असर होता है ऐसे ही उसे सुनने वाले को भी भिन्न भिन्न तरह से लाभ होते हैं। भांषा के विषय में अन्य पुस्तक में विस्तार में चर्चा होगी। एक अन्य लाभ भी है जो मंत्र का सही अर्थ जानने से होता है।

10

वेद

वेद अर्थात ज्ञान। वेद जिसे नहीं पता वह अज्ञानी, परन्तु जिसे वेद ही गलत तरीके से जाने हैं वह मूर्ख। वेद जानना एक अलग बात है, और वेद को न जानना अलग बात और एक बात है वेद को जानना परन्तु गलत गलत। वेद क्या बता रहा है वह बाद की बात है परन्तु, वेद के विषय में जानना की यह कैसे मनुष्यों को प्राप्त हुआ, कैसे लिखा गया किसने लिखा यह अलग बात है।

एक अन्धविश्वास की बात है की वेद को किसी मनुष्य ने नहीं लिखा, ठीक है मतलब किसी जानवर ने लिखा होगा या फिर पेड़ पौधों ने या फिर नदी झरनों ने या अन्य किसी प्रकृति के तत्त्व ने? परन्तु, यदि बांकियों ने वेद नहीं लिखा तो किसने लिखा, मनुष्य के अलावा ऐसा कौन है जो लिख पढ़ सके? और यदि किसी ने नहीं लिखा तो किसने लिखा? यह तो बिलकुल असम्भव बात ही है की बिना कुछ लिखे हुए कही से कुछ लिखा हुआ मिल गया जब धरती पर उपस्थित किसी ने कुछ नहीं लिखा तो फिर धरती पर कुछ कैसे लिखा हुआ मिल गया। ईश्वर तो एक अलग ही बात है वह तो मूल रूप से निराकार है तो वो तो लिख नहीं सकता कुछ।

वेद अर्थात ज्ञान, और ज्ञान अनुभव से होता है। सृष्टि की शुरुवात में जब मनुष्य धरती पर हुआ तब उसने खुद के अनुभव से सृष्टि को ज्ञात किया खुद को ज्ञात किया, और फिर धीरे धीरे आगे सुनते गए समझाते गए, फिर किसी काल में जब लिखने के विषय में सोंचा गया तो फिर उसे

लिख दिया गया। यह बात जो है की वेद को मनुष्य ने नहीं लिखा यह बात प्रथम ज्ञानियों के लिए कही गयी है, क्योंकिं शुरुवात तो उन्होंने ही की जानने की। परन्तु, जब लिखे गए तो मनुष्यों ने ही लिखे। तो व्यर्थ बातें कहने से, सुनने से, बचना चाहिए।

11

त्रिदेव

त्रिदेव अर्थात "ब्रम्ह, विष्णु, महेश", सृष्टि जो कुछ है येही हैं।
सृष्टि को बनाने वाले, सृष्टि चलने वाले, एवं सृष्टि में प्रलय लाकर उसे नष्ट करने वाले। यह तीनो एक ही है।
सृष्टि बनाने वाले को ईश्वर कहते हैं, तो ये ब्रम्ह कौन है? यदि सृष्टि बनाने वाला ईश्वर है तो फिर ब्रम्ह कौन है जिसने सृष्टि बनायीं?

ईशवर तो एक ही है, सत्य ही ईश्वर है, धर्म ही सत्य है, लोक कल्याण ही धर्म है, क्योंकि ईश्वर जिससे सृष्टि बनी वह सभी लोकों में, सभी जीवों में, सृष्टि के हर पदार्थ में है। ईश्वर सभी में है, अर्थात निराकार है क्यूंकि, आकर होता उसका तो वह सभी जगह कैसे हो पता और एक आकर दुसरे आकार में कैसे पहुँचता। तो ईश्वर, कौन? ईश्वर सृष्टि, सृष्टि में मौजूद हर पदार्थ ---- सूर्य, चन्द्रमा, पृथ्वी, गृह, नक्षत्र, जल, अग्नि, वायु, आकाश, जीव, जंतु, मनुष्य, पक्षी, वृक्ष, आदि सभी जो ईश्वर ने बनायीं।

ईश्वर का अर्थ, लोक अर्थात यह माना जा सकता है की सृष्टि एक दुसरे से ही बनी। परन्तु, जब कुछ नहीं था तब तो कुछ हुआ ही होगा तभी सृष्टि बनी । इसका अर्थ कुछ तो है जो सृष्टि के पहला था, जिसने सृष्टि बनायीं। वह जानना असंभव है।

नारायण, विष्णु, शिव, ब्रम्ह ये सिर्फ मनुष्य को दर्शाने के नाम है, वास्तव में न कभी कोई नारायण हुआ, न ही विष्णु। हाँ मनुष्य का यह नाम तो हो सकता है। परन्तु, कोई ईश्वर है जिसने सृष्टि बनायीं और वह नारायण है ऐसा नहीं है। त्रिदेव वह हैं, जो हमेशा प्रजा पालन, उनकी रक्षा, बुराईयों का अंत करते हैं इसलिए वर्तमान में भी ब्रहम, विष्णु, महेश हो सकते हैं।

12

ब्रम्ह

ब्रम्ह, बनाने वाला श्रृष्टि को। अब यह श्रृष्टि को कौन बनाता है, मनुष्य ही तो निर्माण करता है श्रृष्टि का। तथा देव का अर्थ भी पूर्व में हम समझ चुके हैं तो ब्रह्मदेव का अर्थ निर्माण करने वाले देव, तथा जो सब कुछ जानते हैं। ब्रह्म को प्रजापति भी कहते हैं जो प्रजा में श्रेष्ठ है, उसका निर्माण करने वाला है। प्राणी का निर्माण एक तो वह होता है जब वह जन्म लेता है, तथा मुख्य जन्म इसके बाद में वह होता है जब वह ज्ञान प्राप्त करता है।

<u>कहानी</u>

सृष्टि की रचना की ब्रम्ह ने। ब्रम्ह, विष्णु की नाभी से निकले कमल में विराजमान होगए, प्रकट होने के बाद, वह दिव्य ज्योति, जो तत्व प्रलय के बाद बचता है उसीसे प्रकट हुए। तत पश्चात उन्होंने उस दिव्य ज्योति सदाशिव, जो अर्धनारेश्वर है, जो शिव और शिवा का मेल है उनकी आज्ञा से सृष्टि बनाने का कार्य आरम्भ किया। अभी कथा के इतने अंश का अर्थ नहीं समझेंगे क्योंकि वह जटिल है तथा जो प्रथम समझने योग्य है वह समझेंगे।

प्रजापति ब्रम्ह ने, कई मानस पुत्रों की रचना की सृष्टि को चलाने के उद्देश्य से, क्रमानुसार मानस पुत्र इस प्रकार है।

१. सनत, २. सनन्दन, ३. सनातन, ४. सनत्कुमार — वैराग्य अपनाया

१. नेत्रों से मारीच, २. ह्रदय से भृगु, ३. मस्तक से अंगिरा, ४. नासिका से पुलह(व्यान वायु), ५. नासिका से पुलस्त्य(अपान वायु), ६. मुख से वशिष्ठ(सामान वायु), ७. कानो से अत्री — सप्तऋषि(वैरागी)

१. नारद — भक्ति के प्रसार के लिए(नारायण भक्त), २. दक्ष(पग के अंगुष्ट से) — प्रजापालन के लिए

१. काम देव — काम जाग्रत करने के लिए, २. वसंत — वातावरण शुध्द करने के लिए

१. मनु — प्रथम पुरुष, २. शतरूपा — प्रथम नारी — मैथुनी सृष्टि चलने के लिए

१. संध्या — काल का नामकरण(यज्ञ, हवन, धर्मादि कार्यों के लिए)

१. सरस्वती देवी — कला, ज्ञान, विद्या के लिए

<u>अर्थ</u>

ब्रम्ह है प्रजापति, प्रजापति अर्थात जो प्रजा का पालन करता है, निर्माण करता है अर्थात राजा, परन्तु मनुष्य। ब्रह्म निर्माण करने वाले हैं अर्थात जो मानव को ज्ञान प्रदान करतें हैं तथा ज्ञान से ही असली निर्माण होता है मानव का। ब्रह्म जिन्होंने सृष्टि की रचना की, इसका अर्थ यह नहीं है की किसी मनुष्य ने सृष्टि को रच दिया तथा उएह भी नहीं की सृष्टि को बनाने वाले ने ही बाद में आकर लेकर धरती पर जन्म लिया, यही अन्धविश्वाश है, जिसे मिटाना है। ब्रह्म ने रचना की अर्थात उन्होंने अपने ज्ञान से सब कुछ जाना। अब मान लीजिए की जब किसी को कुछ पता ही नहीं की पत्थर को पत्थर कहते हैं, तो कौन जानता है पत्थर क्या है। ऐसे में जिसे उसके विषय में जानकारी हो जाए तब हुई न पत्थर की रचना नहीं तो कोई पत्थर को जनता ही नहीं की वह क्या है।

ऐसे ही ब्रम्ह ने रचना की मानस पुत्रों की, अर्थात वह जो भी थे वह पहले से ही थे, परन्तु, सर्वप्रथम उन्हें ब्रह्म ने जाना अर्थात प्रथम ज्ञानी व्यक्ति, उन्हें ज्ञान दिया तथा बताया की उनका धरती पर क्या कार्य है।मानस, अर्थात मन। तो मानस पुत्र/पुत्री अर्थात मन के पुत्र पुत्री इस बात से तो समझ ही जाना चाहिए की मन के पुत्र तो स्वयं के जन्म

दिए हुए नहीं होते तथा मन से तो जन्म दिया जाता है। ऐसे ही उन्होंने कई विषयों को जाना जो अति महत्त्वपूर्ण थीं। जैसे सबसे पहले अपने अंगों से कई ऋषि प्रकट किये इसका अर्थ है की उन्होंने सारे अंगों के कार्य को जाना, मंथन किया उन्हें अनुभव हुआ की ह्रदय, नासिका, मुख, कान, हाथ, पैर, आदि अंगो का क्या कार्य है। इन्होने सप्त ऋषियों के विषय में जाना। भक्ति के प्रचार करने वाले को उन्होंने नारद का दर्जा दिया अर्थात नारद कोई एक व्यक्ति नहीं थे जो कभी हुए। प्रजापालन के लिए व्यक्ति को चुना, उसे दक्ष कहा। दक्ष का अर्थ भी योग्य ही होता है तो जो योग्य है उसे ही योग्य कार्य दिया। उन्होंने काम के विषय में जाना जिससे सृष्टि आगे बढे। तथा वसंत ऋतू को समझा तथा इसके बाद मनु तथा सतरूपा जो वास्तव में मानव थे उन्हें यह काम के द्वारा सृष्टि आरम्भ करने को कहा। इसके बाद उन्होंने संध्या काल को जाना, तथा सभी को इसका ज्ञान दिया। बाद में इन्होने अनुभव किया की कला, संगीत, नृत्य, विद्या एक आवश्यक वस्तु है तत पश्चात उन्होंने कला को जाना तथा जो इनका प्रसार करें उन्हें सरस्वती देवी कहा, वह महिला को कार्य दिया। अब इन सब में यह विषय स्पष्ट है की ब्रह्म की रचना अर्थात ब्रह्म की खोज ही है तथा उनके मानस संताने भी उनके मन के विचारो से जाने गए विषय हैं तथा लोगो को बताया हुआ वह ज्ञान है।

ऐसे में एक कथा है जो अधर्म फैलाती है परन्तु, वह भी सिर्फ अज्ञानता वश नासमझी है। कथा है की ब्रह्म ने अपनी पुत्री के साथ सम्भोग किया, जिसका एक साधारण सा उत्तर है की ब्रह्म ने मन में विद्या से सम्भोग किया। अर्थात जैसे उन्होंने अंत में मानस पुत्री की खोज की जो विद्या, तथा कला ही है। तो ब्रह्म के सम्भोग का अर्थ है की वह कला, विद्या, में लीन हो गए। यह बातें समझाने में बहुत जटिल हैं, परन्तु, सत्य हैं।

ब्रह्म के तीन मुखों की भी बात ऐसे ही है की उन्हें हर जगह का ज्ञान था कहा क्या है उन्हें सब पता था। अब समझते हैं कमल योनि, आज भी जब कोई व्यक्ति कुछ श्रेष्ठ करता है तो हम उसकी माता पिता को प्रणाम करते हैं कहते हैं धन्य है वह कोख जिसने उस व्यक्ति को जन्म दिया। अब ऐसे ही ब्रह्म की माँ की तो अत्यधिक श्रेष्ठता है इसलिए

ब्रह्म को कहा गया की वह कमल योनि से जन्मे। वह योनि जो कमल के सामान है।

ब्रह्म के निवास स्थान को ब्रह्मलोक कहते हैं।

13
विष्णु

विष्णु अर्थात पालने वाला, रक्षा करने वाला। अब यह कार्य, मनुष्य ही तो करेगा, नही तो कोन हैं जो इस श्रृष्टि में जो ऐसा करेगा। मनुष्य के अलावा और कौन है इस श्रृष्टि में, पशु - पक्षी, पेड़ - पौधे, नदी - पहाड़, ग्रह - उपग्रह आदि, ये सब तो सिर्फ अपना ही कर्म कर रहे है, अथवा यही कर सकते है, तो पालने वाला कोन हुआ सारी श्रृष्टि को, दूसरों की रक्षा कोन कर सकता है, मनुष्य। तो पालने वाला कोन हुआ, मनुष्य। पालन करने वाले को विष्णु कहते है, तो पालने वाला विष्णु, और वह हैं मनुष्य। अब वह चाहे स्त्री हो, या पुरुष। जो स्नसार को ठीक से रखेगा, वह मनुष्य ही है विष्णु।

इसलिए सारे अवतार विष्णु के ही होते है, क्योंकि जो मनुष्य श्रृष्टि की रक्षा करता है, उसको सुखी रखता है, वह ही विष्णु का अवतार होता है, अर्थात पालने वाले, का अवतार। नारायण का अर्थ होता है पुरुष + जल। पृथ्वी में, मुख्य रूप में अधिक जल है, अर्थात पुरुष जो जल में रहता है वह है नारायण, इसीलिए उन्हें दर्शाया भी ऐसे ही जाता है, वास्तव में वह मनुष्य को ही, जो पृथ्वी पर है उसे दर्शाया जाता है। समुद्र के पास जो रहता होगा उसे भी नारायण कहा जा सकता होगा। विष्णु कोई व्यक्ति नही है, यदि है तो प्रथम मनुष्य मनु कौन है। नारायण सम्बोधन का अर्थ यह भी है की जो जल का सम्मान करे, जिसके पास जल की कमी न हो।

यह सोचने की बात है, की यदि ऐसा होता की सृष्टि के रचयिता ही बार बार जन्म लेते हैं धरती पर जिनको उनके जीवन में क्या क्या होना है सब पहले से ज्ञात है तथा वह ही सूचि तैयार करतें हैं की मुझे क्या क्या करना है, तो फिर यह तो बेवकूफों वाली बात हो गयी, सृष्टि का रचयिता व्यर्थ है क्या जो जन्मने और मरने के लिए खुद निराकार होते हुए भी आकर लेगा, पहली चीज़ तो वह निराकार है आकर में आ ही नहीं सकता(अलग से) तथा वह क्यों आएगा? फिर यदि वह आएगा तो मानवो की तरह रहेगा खुद से सब कुछ तय करके क्यों जाएगा। जीवन बेकार नहीं लगे ग क्या। सोंचों किसी को भविष्य पता है, तथा इक्षा से उसे नियंत्रित करने की शक्ति भी है? तो इसमें आनंद आएगा या फिर बेकार लगेगा?

14

महेश

महेश, अर्थात मिटाने वाला। जो विनाश करता है, बुराइयों का। विनाश कौन कर सकता है, मनुष्य और कौन है इस श्रृष्टि में जो ये करेगा। अब उसे महेश नहीं कह सकते जो वर्तमान में समाज का प्रकृति का नाश कर रहे हैं। महेश सिर्फ जो बुराईयों का नाश करते हैं। इनके अन्य भी कई सम्बोधन हैं जैसे एक है महादेव अर्थात देवों के भी देव, उनसे भी श्रेष्ठ, उनके भी पूजनीय। तथा शिव जो पुरुष को सम्बोधित करते हैं। अन्य भी कई सम्बोधन हैं कुछ हम भी बना सकते हैं, केवल यह नाम हैं जो कुछ अर्थ जानकार कहे गए हैं।

शिव जिनका निवास स्थान है हिमालय, कैलाश तथा सबसे ऊँचे स्थान अर्थात पर्वतों की चोटियां। हमने पूर्व से ही समझा है की हिमालय ही स्वर्ग लोक है। अब शिव को देवों के देव गया है, हिमालय में देवता रहते हैं, ऐसे ही शिव पर्वतों की सिखर में निवास करते हैं। ध्यान रहे, ऐसा नहीं है की शिव नाम के कोई व्यक्ति थे जो कभी हुए तथा उन्ही के विषय में बात होती है हमेशा नहीं। प्रथम व्यक्ति शिव वह जरूर होंगे जिन्होंने सबसे पहले शिव जैसे कर्म किये अर्थात जैसे सबसे पहले शिव ने ही योग की शिक्षा सभी को दी। परन्तु, शिव वर्तमान में भी हो सकतें हैं।

15
गणपति

गणपति अर्थात देवों में श्रेष्ठ, गण अर्थात लोग तो जो लोगो में श्रेष्ठ हैं वह हैं गणपति, गणपति कोई असली व्यक्ति नहीं हैं वह एक रचनात्मक प्रस्तुति है। गणपति, जो मानव सभी मानवों में श्रेष्ठ अर्थात, सच्चा, सभी का पूजनीय, महान आदि श्रेष्ठ गुणों वाला हैं, जिसका सम्मान सभी करते हैं वह कहलाते हैं गणपति।

वक्र तुण्ड महकाये, सूर्य कोटि समप्रभा। निर्विघ्नं कुरुमेदेव सर्वकार्येषु सर्वदा।।
लचीला शरीर, विशाल काय, करोड़ों सूर्य के समान प्रतिभाशाली।
मेरे प्रभु, हमेशा मेरे सारे कार्य बिना विघ्न के पूरे करें (करने की कृपा करें)।।

सभी मंगल कार्य करने से पूर्व गणपति का यह मन्त्र कहा जाता है, इसमें शुरू में गणपति के स्वरुप को बताया है तथा अन्त में प्राथना की है की वह सभी कार्यों को सफल करें। अब समझिये, कोई भी कार्य हो यदि उसमे जो सम्माननीय लोग हैं यदि वह न रहें, वह अपना आशीर्वाद न दें, वह रुष्ट हो जाएँ तथा वह ना चाहे की कार्य हो तो क्या वह कार्य होगा।

यदि देश के राजा को कहीं किसी कार्य से दुविधा हो रही है या वह न खुश है तो क्या वह कार्य होने देगा। इसलिए किसी भी मंगल कार्य से पूर्व श्रेष्ठ मानव की प्रार्थना आवश्यक है। इसलिए ही देवताओं में सबसे प्रथम, गणपति को ही पूजने को कहा गया है। अभी भी किसी जगह यदि

दो लोग बैठे हैं तो सबसे पहले सम्मान जिसका मान ज्यादा है उसका किया जाता है। देव उस व्यक्ति को कहते हैं जो सत्य के मार्ग पर चलता है, जो परमार्थ के कार्य करता है।

गणपति अर्थात गणो के इष्ट, गणो में श्रेष्ठ। जैसे होता है सेनापति, जो सेना का नेतृत्व करता है। किसी भी शुभ कार्य को प्रारम्भ करने से पूर्व गणपति की वंदना की जाती है, गणपति अर्थात श्रेष्ठ गण की क्यूंकि यदि वह चाहें तभी सारे कार्य मंगलमय होंगे अन्यथा नहीं होंगे। अच्छे कर्म तो अच्छे लोग ही करते है अथवा करवाते हैं। जैसे श्रेष्ठ कर्मों को करने के लिए श्रेष्ठ लोग ही तो दान देते हैं तो वह हैं गणपति। पूर्व में भी कोई गणपति होगा, जिसकी कथा पुराणों में है।

पुस्तक में बताये गए मंत्र को गलत ढंग से समझा जाता है जहा तुण्ड का अर्थ सूंढ़ लगाया जाता है, सामान्य बुद्धि का प्रयोग करें किसी व्यक्ति के विषय में बात हो रही है तो कोई यह क्यों कहेगा। इनके जन्म तथा इनकी अन्य कथाओं के विषय में अन्य पुस्तक में चर्चा होगी।

16

राजा

राजा अर्थात जो राज्य का पालन करता है, प्रजापालक। राजा अर्थात ईश्वर। राजा ही सृष्टि का निर्माण करता है, पालन करता है और दुष्टो का अंत करके प्रजा का पालन करता है। राजा ही सब कुछ है। पूर्व काल में अर्थात जब पुराणों की रचना हुई होगी उस काल में तो ऐसा ही होता था की लोग राजा को ईश्वर मानते थे अथवा यह उनका अन्धविश्वाश नहीं परन्तु, विवेकशील विश्वाश और सत्य होता था। यह बात पूर्णतः सत्य है, परन्तु यह भी सत्य है की ईश्वर भी यदि धर्म के मार्ग से तुम्हे हटाए या वह स्वयं धर्म की राह पर न चले तो उसे राह दिखाना तथा यदि वह अहंकार में हो तो उसे दंड देना प्रजा का, कर्तव्य है। पूर्व काल के बहुत से उदाहरण है धर्मात्मा राजाओं के भी तथा अधर्मी राजाओं के भी जैसे - श्री राम, श्री कृष्ण यह हैं धर्मात्म राजा तथा दुर्योधन, कंस, रावण यह हैं अधर्मी राजा। हर काल में अच्छे लोग भी होतें हैं तथा बुरे भी होते हैं। निर्णय तो स्वयं को ही करना है क्या धर्म है, क्या नहीं।

श्री राम के काल में, श्री कृष्ण के काल में, उससे पूर्व लोग इन्हे, अर्थात राजा को भगवन, ईश्वर, प्रभु कहकर बुलाते थे इसलिए नहीं की उनको यह अंध विश्वाश था की उन्होंने सृष्टि बनायीं अर्थात दुनिया की शुरुवात की बल्कि उन्हें यह विश्वाश था की उनकी सृष्टि का निर्माण तो उन्होंने ही किया है, तथा उनका पालन भी वही करते हैं तथा दुष्टों को दंड, उनका संघार भी वही करेंगे। तो इसलिए, उनके लिए वह ही ब्रह्म,

वह ही विष्णु, वह ही महेश। काल के साथ यह बालकों की कहानियों जैसे बात होगयी है, कहीं भी कुछ भी प्रस्तुत किया जाता है, तथा सभी बिना बुद्धि के उसका विश्वाश कर लेते हैं। आज श्री राम को, महापुरुष मानकर उनकी रह पर चलने वाले कोई नहीं दीखते केवल उन्हें सब ईश्वर(सृष्टि रचयिता)मानकर कहते हैं, की वह ईश्वर थे, वह हर कार्य को कर लेते हम आम मानव हैं हमसे नहीं होगा।

राजा ही सृष्टि की रचना करता है? अर्थात यह की राजा ही तो नगर में, प्रदेश में निर्माण करवाता हैं। वह ही तो प्रजा के लिए सुख से रहने की व्यवस्था करता है।

17
देवराज इन्द्र

इन्द्र का अर्थ होता है विद्युत, ऊर्जा। पुराणों में इन्ही के विषय में चर्चा की गयी है।

एक कथा के अनुसार विश्व मित्रविश्वामित्र महाऋषि तप कर रहे थे और फिर उनका तप भंग हो गया। क्यों हुआ? मेनका की वजह से मेनका को इन्द्र ने भेजा था। स्वर्ग लोक की अप्सरा है मेनका तो, उस स्वर्गलोक अर्थात मनुष्य का मस्तिष्क और इन्द्र अर्थात उसकी ऊर्जा और उसने मेनका को भेजा अर्थात उसकी वजह से मन में सुन्दर स्त्री के साथ काम के विचार आने लगे। मेनका कोई वास्तविक महिला नहीं है, अप्सरा नहीं है। वह केवल एक मस्तिष्क की भावना है, विचार है। ऐसे ही बाद में उन्हें फिर से रम्भा नाम की अप्सरा परेशान करने लगी, यह भी मन का ही विचार था। अब इसे वर्तमान स्तिथि से समझो यदि किसी को मन में काम का विचार आएगा तो किसी सर्वश्रेष्ठ सुंदरी का ही विचार आएगा न, वैसे ही ऋषि के मन में अप्सरा का विचार ही आया तथा हर एक पौराणिक कथा में आप सुनेंगे की ऋषियों का तप अप्सरा जो स्वर्ग की अप्सराएं हैं वहीं भांग करतीं हैं तथा उन्हें इंद्र ही भेजता है।

इन कथाओं में किसी वास्तविक प्राणी के विषय में नहीं बताया गया है, केवल हर एक मन के विचार को ही एक पत्र के रूप में बताया गया है। कितनी अधभुद कला है यह। इन्द्र अर्थात शरीर की ऊर्जा। शरीर में जब ऊर्जा भरपूर होती है तो वह प्राणी को कुछ करने के लिए अर्थात उसे खर्च

करने के लिए बेचैन करती रहती है। अब इसमें जो प्राणी विचलित हो जाता है वह काम के विचार में ही लग जाता है तथा वैसे ही कृत्या करने लगता है। विचलित प्राणी काम के विचार में इसलिए लगता है क्यूंकि, मन जो है वह हमेशा आनंद चाहता है तथा काम में तो बहुत आनंद है। इसलिए वह ऊर्जा भरपूर होती है वह काम की तरफ जाती है। इसी को कहा गया है की इंद्र अर्थात ऊर्जा, मन से अर्थात स्वर्ग से अप्सरा को भेजता है।

18

संध्या

कहानी

संध्या ब्रम्ह की मानस पुत्री, ब्रम्ह ने श्रृष्टि की रचना करते वक्त, सन्ध्या देवी को प्रकट किया, और उन्हें धर्म ऋषि के आश्रम में रहने को कहा, उन्होंने कहा की तुम्हारा कार्य धर्म को फैलाना है, उपासना में सभी का ध्यान लाना है।

सन्ध्या को काम, जिन्हे ब्रम्ह ने ही प्रकट किया था, नारद मुनि के सुझाने पर, जब वह ऋषियों के साथ यज्ञ कर रही थी, अपने पुष्प बाड़ों से वार करते हैं और सन्ध्या सब कुछ भूलकर उनके पीछे जाने लगती है, यह बात नारद, जिन्हे ब्रम्ह देव ने प्रकट किया, उन्हें पता चलती है तो वह ब्रम्ह देव को यह बताते है। ब्रम्ह देव सन्ध्या को रोकने जाते हैं, परन्तु वह भी, सन्ध्या के पीछे जाने लगते हैं। ऋषि गण शिव जी से प्रार्थना करते हैं की वह यह सब रोके, तब शिव जी ब्रम्ह और सन्ध्या के सामने प्रकट होते हैं, और उन्हें रोकते हैं वह सन्ध्या, और ब्रम्ह पर क्रोधित होते है। उनके जाने के बाद ब्रम्ह देव, सन्ध्या को क्रोध के साथ कड़वी बातें कहते हैं, सन्ध्या के माफ़ी मांङगने पर ब्रम्ह देव वशिष्ट जी से इस विषय में बात करते है, और फिर ब्रम्ह देव सन्ध्या से शिव जी की आराधना करने को कहते हैं।

सन्ध्या का अर्थ?

संध्या अर्थात वह काल जब सूर्य पृथ्वी पर उगने वाला होता है, और जब वह डूबने वाला होता है। तथा जब सूर्य बिलकुल सीधे रेखा में आ जाता है। यह काल सूर्य के निकलने के थोड़े समय पहले और थोड़े समय बाद तक होता है, इसी तरह डूबते वक़्त शुरू में थोड़ा समय और बाद में थोड़ा समय। इस समय सूर्य, चंद्र और पृथ्वी की कुछ विशेष स्थितियों के कारण पृथ्वी पर, आप पर कुछ विशेष होता है, और इस समय आसान, प्राणायाम, यज्ञ, हवन, उपासना आदि हितकारी योग करना चाहिए। सूर्य सृष्टि का गुरु है, इसलिए उसे आने पर उसका स्वागत, तथा जाने पर उसको प्रणाम करना भी एक कारण है।

इसी संध्या के विषय में कहानी में बात की है, सन्ध्या, अर्थात इसी काल में जब यज्ञ हो रहे थे हर जगह, काम का प्रभाव पड़ गया सारे वातावरण में, और फिर ब्रम्ह भी उस प्रभाव को कम करने लगे लेकिन, वह भी काम के वश में आकर सन्ध्या काल में काम के विषय में सोचने लगे, तब ऋषियों ने, महादेव से प्रार्थना की तथा महादेव धरती पर आये ब्रह्म पर क्रोधित हुए, तथा फिर ब्रह्म ने दो संध्या के तीन काल के महत्त्व को रचा अर्थात खोज की सुबह, दोपहर शाम। तथा फिर सृष्टि में यह तीनो संध्या को पूजा जाने लगा अर्थात संध्या काल में यज्ञ, हवन शुरू हुए।

शान्ति पाठ

सर्वे भवन्तु सुखिनः सर्वे सन्तु निरामया, सर्वे भद्राणि पश्यन्तु मा कश्चिद् दुख भागभवेत।
ॐ शान्तिः शान्तिः शान्तिः
सभी सुखी होवें, सभी रोगमुक्त रहें, सभी का जीवन मंगलमय बनें और कोई भी दुःख का भागी न बने। हे भगवन हमें ऐसा वर दो।

ॐ सहनाववतु सह नौ भुनक्तु। सह वीर्यं करवाव है। तेजस्वि नावधीतमस्तु मा विद्विषाव है।
ॐ शान्तिः शान्तिः शान्तिः।।
हम छात्र और शिक्षक दोनों की एक साथ रक्षा करें, एवम् एक साथ-साथ पोषण करें, हम दोनों साथ मिलकर महान ऊर्जा और शक्ति के साथ कार्य करें एवं विद्या प्राप्ति का सामर्थ्य प्राप्त करें, हमारी बुद्धि तेज हो, हम एक दूसरे से ईर्ष्या न करें।

ॐ पूर्णमदः पूर्णमिदं पूर्णात्पूर्णमुदच्यते । पूर्णस्य पूर्णमादाय पूर्णमेवावशिष्यते ॥
ॐ शान्तिः शान्तिः शान्तिः ॥
वह जो (परब्रह्म) दिखाई नहीं देता है, वह अनंत और पूर्ण है। क्योंकि पूर्ण से पूर्ण की ही उत्पत्ति होती है। यह दृश्यमान जगत भी अनंत है। उस अनंत से विश्व बहिर्गत हुआ। यह अनंत विश्व उस अनंत से बहिर्गत होने पर भी अनंत ही रह गया।

ॐ असतो मा सद्गमय। तमसो मा ज्योतिर्गमय। मृत्योर्माऽमृतं गमय।
ॐ शान्तिः शान्तिः शान्तिः ॥
हमें अज्ञान से ज्ञान की ओर, अन्धकार से प्रकाश की ओर, मृत्यु से अमरता ओर ले चलो।

वन्दे मातरम्

वन्दे मातरम्! सुजलां सुफलां मलयजशीतलां शस्यश्यामलां मातरम्! शुभ-ज्योत्सना-पुलकित-यामिनीम् फुल्ल-कुसुमित-द्रमुदल शोभिनीम् सुहासिनी सुमधुर भाषिणीम् सुखदां वरदां मातरम्! सन्तकोटिकंठ-कलकल-निनादकराले द्विसप्तकोटि भुजैर्धृतखरकरबाले अबला केनो माँ एतो बले। बहुबलधारिणीं नमामि तारिणीं रिपुदल वारिणीं मातरम्! तुमि विद्या तुमि धर्म तुमि हरि तुमि कर्म त्वम् हि प्राणाः शरीरे। बाहुते तुमि मा शक्ति हृदये तुमि मा भक्ति तोमारइ प्रतिमा गड़ि मंदिरें-मंदिरे। त्वं हि दूर्गा दशप्रहरणधारिणी कमला कमल-दल विहारिणी वाणी विद्यादायिनी नवामि त्वां नवामि कमलाम् अमलां अतुलाम् सुजलां सुफलां मातरम्! वन्दे मातरम्! श्यामलां सरलां सुस्मितां भूषिताम धमरणीं भरणीम् मातरम्।

हे माँ मैं तेरी वन्दना करता हूँ तेरे अच्छे पानी, अच्छे फलों, सुगन्धित, शुष्क, उत्तरी समीर (हवा) हरे-भरे खेतों वाली मेरी माँ। सुन्दर चाँदनी से प्रकाशित रात वाली, खिले हुए फूलों और घने वृ़क्षों वाली, सुमधुर भाषा वाली, सुख देने वाली वरदायिनी मेरी माँ। तीस करोड़ कण्ठों की जोशीली आवाज़ें, साठ करोड़ भुजाओं में तलवारों को धारण किये हुए क्या इतनी शक्ति के बाद भी, हे माँ तू निर्बल है, तू ही हमारी भुजाओं की शक्ति है, मैं तेरी पद-वन्दना करता हूँ मेरी माँ। तू ही मेरा ज्ञान, तू ही मेरा धर्म है, तू ही मेरा अन्तर्मन, तू ही मेरा लक्ष्य, तू ही मेरे शरीर का प्राण, तू ही भुजाओं की शक्ति है, मन के भीतर तेरा ही सत्य है, तेरी ही मन मोहिनी मूर्ति एक-एक मन्दिर में, तू ही दुर्गा दश सशस्त्र भुजाओं वाली, तू ही कमला है, कमल के फूलों की बहार, तू ही ज्ञान गंगा है, परिपूर्ण करने वाली, मैं तेरा दास हूँ, दासों का भी दास, दासों के दास का भी दास, अच्छे पानी अच्छे फलों वाली मेरी माँ, मैं तेरी वन्दना करता हूँ। लहलहाते खेतों वाली, पवित्र, मोहिनी, सुशोभित, शक्तिशालिनी, अजर-अमर मैं तेरी वन्दना करता हूँ।

मातृभूमि की जय।

www.ingramcontent.com/pod-product-compliance
Lightning Source LLC
La Vergne TN
LVHW092100060526
838201LV00047B/1480
* 9 7 9 8 8 8 8 1 5 8 2 7 2 *